SECOND MÉMOIRE

POUR LA COMMISSION D'ARBOIS,

CONTRE LA COMMISSION DE PARIS.

Notre dernier roi, Louis XVIII, destinoit volontiers les statues des guerriers illustres à leurs villes natales, quelque modestes qu'elles fussent. La comparaison de l'humble toit sous lequel un héros naquit, et du monument qui lui est élevé, apprend aux soldats tout ce que le courage, même sans naissance, peut donner de gloire. C'est pour cette raison sans doute que le Prince qui avoit dit aux jeunes officiers de Saint-Cyr : Messieurs, chacun de vous a dans son sac le bâton de maréchal de France, a vu avec plaisir que Jeanne d'Arc à Domremy, et d'Assas au Vigan, seroient montrés aux plus simples cultivateurs comme d'honorables objets d'émulation.

Louis XVIII avoit aussi honoré de son approbation le dessein d'élever une statue au général Pichegru dans Arbois, sa ville natale. La Commission choisie parmi les habitans d'Arbois pour arriver à l'érection de cette statue, s'honore d'avoir toujours pensé que notre Roi Charles X lui continueroit sa protection royale. Il n'est que trop probable qu'une accusation d'indignité contre la ville d'Arbois avoit été portée auprès du Monarque par quelques membres de la Commission de Paris, étrangement abusés sur les faits et sur le droit; mais cette accusation ne pouvoit réussir lorsqu'elle étoit adressée au Monarque qui lui-même, à son entrée en France, avoit été accueilli dans Arbois par des acclamations et des transports poussés jusqu'au délire.

Voyons au surplus si nous pourrons pénétrer ce mystère administratif qui fait aujourd'hui tout le nœud du procès; car le droit de la ville d'Arbois est d'ailleurs trop clairement expliqué pour qu'il puisse éprouver une contradiction sérieuse.

Nous avons dit, dans le premier Mémoire, qu'on annonçoit une décision royale qui ordonnoit l'érection d'une statue de Pichegru dans la ville de Besançon, et cette décision, qui n'étoit qu'en hypothèse, ne nous sembloit, en aucun cas, changer le droit des souscripteurs de retirer les fonds qu'ils avoient destinés à la ville d'Arbois.

Voici ce que les communications des adversaires ont fait découvrir depuis ce temps. Nous ne pouvons transcrire entièrement les pièces et les actes, mais nos extraits seront fidèles.

On sait qu'une Commission avoit accepté à Paris le mandat de provoquer et recueillir les souscriptions pour Arbois.

Cependant, parmi les membres de cette Commission de Paris, quelques-uns imaginèrent qu'ils pourroient tourner au profit de Besançon ce qu'ils s'étoient obligés de faire pour Arbois.

Pour expliquer cette singulière façon de comprendre un mandat, la Commission de Paris a produit une lettre du général Cotty, écrite dans le cours du procès. On y lit :

« J'ai l'honneur *de vous répondre*, mon général, *que l'on a tou-*
» *jours pensé*, *au Ministère de la guerre*, *que ce monument devoit*

» *être élevé à Besançon, chef-lieu du département* OÙ EST NÉ
» PICHEGRU. »

Cette justification fait sourire; car enfin on a pu penser tout ce qu'on veut au Ministère de la guerre; qu'importe à une souscription volontaire et libre? D'ailleurs cette pensée devient encore moins importante, puisqu'on y pensoit aussi que Besançon, chef-lieu du département du Doubs, étoit la capitale du département où est né Pichegru. Mais Arbois est du département du Jura, et, ce qui est plus décisif, Arbois a été particulièrement chérie de Pichegru, c'est la ville d'Arbois que le prince de Condé, voulant engager Pichegru à servir sa cause, lui proposoit d'exempter d'impôts pendant dix ans; c'est la ville d'Arbois qui devoit, si le prince de Condé avoit réussi, recevoir le nom même de Pichegru. La pensée du prince de Condé ne vaut-elle pas bien la pensée du Ministère de la guerre?

Certes, c'est accueillir bien avidement les pensées des Ministères que de se déterminer par là à trahir ses promesses. Voilà cependant la seule excuse que la Commission de Paris donne à la Commission d'Arbois.

La Commission de Paris s'est crue autorisée au mois de janvier 1825, à prier par écrit S. Exc. le Ministre de l'intérieur, de vouloir bien obtenir de Sa Majesté une ordonnance qui fixât Besançon comme la ville où devra être placé le monument du général Pichegru.

Cette lettre, d'ailleurs courte, ne présente les considérations en faveur de Besançon que sous la forme du doute. Nous croyons pouvoir le dire, ce n'est pas par ces motifs qu'on a jamais pu espérer de déterminer le Roi à dépouiller la ville d'Arbois d'un droit acquis, et à ordonner sa dégradation aux regards de toute la France.

Il est donc permis de supposer qu'on avoit joint à la lettre quelque insinuation secrète, verbale ou écrite, quelque accusation contre le royalisme d'Arbois.

Ce qui le fait croire, c'est que M. Agier, secrétaire de la Commission de Paris, s'en est expliqué avec franchise, dans sa lettre à M. de Sarret, maire de la ville d'Arbois ; à quoi M. le Maire a répondu avec force et dignité :

« Doit-on prendre pour l'expression de l'opinion publique, le
» rôle obligé et les démarches de quelques individus dans des cir-
» constances difficiles ? Ce seroit saisir l'ombre d'un corps pour
» le corps même, et à ce titre la France entière seroit complice ou
» coupable de tous les excès révolutionnaires. La capitale ne pour-
» roit plus prétendre à l'honneur de conserver les statues de
» Louis XVI et de ses augustes successeurs. »

Ce qui le fait croire encore, c'est que le Ministre a répondu, le 12 février 1825, à M. Coutard, président de la Commission de Paris, et chef de la police militaire.

« Vous m'avez adressé, au nom de la Commission que vous
» présidez, un *Mémoire*, dans lequel vous demandez que le monu-
» ment de Pichegru soit placé à Besançon. »

Ce qui le fait croire enfin, c'est que M. Coutard a fait une nouvelle réponse à cette nouvelle lettre, *et qu'elle ne nous a jamais été montrée.*

Après cette nouvelle réponse, le Ministre a fait au Roi un rapport, *que l'on nous cache aussi ;* et c'est ce rapport qui a été approuvé par le Roi.

Voilà ce qu'on appelle une décision royale, qui enlève à la ville d'Arbois la statue de Pichegru, et après laquelle nul souscripteur ne peut refuser à la ville de Besançon, ce qu'il a versé dans la caisse avec l'intention d'un monument pour Arbois.

Et lorsque nous disons que nous ne voyons pas là une ordonnance revêtue d'aucune forme légale; que lorsque le Roi ordonne par lui-même, il daigne donner et publier les motifs de ses ordonnances; que pareillement, lorsqu'il approuve le rapport d'un Ministre, la publicité de son approbation n'a d'effet qu'avec la publicité du rapport qui la précède : on prétend, dans le Mémoire pour la Commission de Paris, que nous sommes bien hardis de demander des comptes au Roi, et même au Ministre.

C'est avant que ces actes fussent connus de la Commission d'Arbois, mais lorsqu'ils existoient déjà, que le procès s'est engagé.

La Commission d'Arbois a d'abord formé, entre les mains de MM. Coutard, Chevrier et Vavasseur-Desperriers, opposition à ce qu'ils se désaisissent d'aucune somme provenant des souscriptions.

Elle a demandé ensuite au Tribunal de la Seine la validité de ces oppositions, et elle a appelé devant ce Tribunal la Commission de Paris, pour voir dire que les fonds recueillis par elle, depuis le 23 octobre 1821, seroient exclusivement affectés à l'érection d'un monument à la mémoire de Pichegru, dans sa ville natale d'Arbois, et qu'il seroit fait défense à la Commission de Paris de les détourner pour aucune autre destination, à peine de tous dommages et intérêts;

Et en outre, que, dans la quinzaine du jugement à intervenir, le comte de Coutard, M. le chevalier Delarue et M. Agier, chacun en ce qui le concerne, et comme représentant la Commission parisienne, seroit tenu de rendre compte à la Commission d'Arbois, en la personne de M. de Sarret, de l'état des souscriptions recueillies par la Commission de Paris, depuis le 23 octobre 1821, pour l'érection dudit monument, ainsi que des traités passés et des travaux entrepris pour arriver à l'érection dudit monument;

Et enfin, qu'à défaut par la Commission de Paris d'avoir fait les diligences nécessaires, et d'avoir commandé les travaux pour l'érection du monument à Arbois, la Commission-mère d'Arbois seroit et demeureroit autorisée à faire faire et exécuter ces travaux, faire dresser tous plans et devis, employer tous artistes, sculpteurs ou autres, mettre ouvriers, et compter avec qui il appartiendra, régler tous mémoires, et qu'à cet effet les deniers provenant des diverses souscriptions pour le monument seroient par les susnommés, ou par Me Chevrier, ancien notaire à Paris, ou par Me Vavasseur-Desperrier, son successeur, ou par tous dépositaires, remis à la Commission d'Arbois, ou payés directement en l'acquit des travaux faits par lesdits dépositaires, sur les ordres et mandats de la Commission d'Arbois;

Que les défendeurs seroient condamnés aux dépens.

Nous avons rapporté ces conclusions avec détail, pour faire voir par la suite que le Tribunal n'a pas statué sur toutes nos demandes.

La Commission d'Arbois, sachant qu'on devoit lui opposer le rapport du Ministre, s'adressa à lui pour en avoir ampliation; mais, le 5 avril 1825, elle reçut la réponse suivante, en la personne de M. Bouvenot, juge de paix du canton d'Arbois :

« Monsieur, vous m'avez écrit pour demander une ampliation » du rapport revêtu de l'approbation royale, en vertu de laquelle

» le monument élevé à la mémoire de Pichegru, par voie de sous-
» cription, sera placé à Besançon.

» *Les usages administratifs* ne me permettent pas, Monsieur,
» de vous donner la communication que vous demandez; j'ai fait
» à M. le préfet du Jura toutes les notifications nécessaires pour
» l'exécution des intentions de Sa Majesté.

» Recevez, Monsieur, etc. »

Ce qu'il y a de plus singulier, c'est que rien d'officiel ne fut notifié non plus au préfet du Jura, ainsi que l'atteste le passage de sa lettre, du 8 avril, à M. de Sarret :

« Cette lettre (du Ministre) n'étoit accompagnée ni de l'ordonnance ni d'aucune autre notification. »

Chose plus singulière encore! la Commission de Paris elle-même ne fut d'abord munie d'aucune expédition du rapport; et, comme elle présenta cependant un déclinatoire fondé sur cette pièce, le Tribunal rendit, le 5 juillet 1825, un premier jugement ainsi conçu :

« Attendu qu'il n'appartient qu'au Roi de décider si des monu-
» mens doivent être érigés à la mémoire des hommes qui
» se sont illustrés par des actions éclatantes, et dans quels lieux
» ces monumens doivent être placés; mais attendu que la de-
» mande formée par la Commission d'Arbois contre la Commis-
» sion de Paris a pour objet principal de faire rendre compte par
» cette dernière Commission du produit des fonds par elle re-
» cueillis, par suite de souscriptions par elles ouvertes, et que la
» Commission d'Arbois fonde cette demande sur l'existence de
» conventions qu'elle allègue avoir été faites entre elle et la Com-
» mission de Paris, et que c'est au Tribunal qu'il appartient de
» juger si ces conventions ont existé, et quelles sont les obliga-

» tions qui peuvent en résulter; attendu enfin que la Commission de » Paris a fondé le déclinatoire proposé *sur une Ordonnance du Roi » et une Décision du Ministre de l'intérieur, qui ne sont pas repré- » sentées , dont le Tribunal ne peut connoître, par conséquent , ni » les motifs ni les dispositions, et qui dès-lors ne peuvent pas faire » la base de sa décision* ,

» Le Tribunal rejette le déclinatoire. »

C'est alors seulement que parurent la lettre du Ministre qui n'est point une décision , et l'extrait de son rapport qui n'est point une ordonnance.

Le mot *extrait* est sans doute inexact ici , quoique la pièce ait été ainsi qualifiée par les adversaires.

On va en juger.

« Du rapport soumis à Sa Majesté par S. Exc. le Ministre Secré- » taire d'Etat au département de l'intérieur , le 10 mars 1825 , a » été extrait ce qui suit :

» Proposition de *permettre* à la Commission des souscripteurs » du monument de Pichegru , de placer dans la ville de Besançon » la statue de ce général.

» Approuvé au Château des Tuileries, le 10 mars 1825, et de » notre règne le premier.

» *Signé :* CHARLES. »

Etrange *extrait* d'un ouvrage que d'en donner le titre et la signature !

Les juges déclarent qu'ils ont besoin de voir les motifs et les dispositions, et c'est ainsi qu'on leur fait connoître les uns et les autres!

Au reste, la Commission de Paris n'a plus insisté sur l'incompétence du Tribunal; elle n'a pas demandé que, dans aucun chef de ses conclusions, la Commission d'Arbois fût déclarée non-recevable, parce que le Tribunal n'auroit pas eu de pouvoir pour y statuer; et dans les plaidoieries sur le fond, elle n'a engagé la question que sur le droit de la Commission d'Arbois de lui demander des comptes.

Le Tribunal a jugé que la Commission de Paris étoit comptable; mais, soit qu'il ait perdu de vue la demande d'attribution exclusive des fonds formée par la Commission d'Arbois, soit qu'il ait cru qu'en statuant sur cette demande, il usurpoit l'autorité royale, il a prononcé dans les termes suivans :

« Attendu que la Commission d'Arbois pour l'érection du monument de Pichegru dans la vile d'Arbois a été constituée le 7 octobre 1821, que c'est elle qui, en qualité de Commission-mère, a provoqué l'organisation de la Commission de Paris, dont même elle a choisi les premiers membres.

» Attendu qu'elle a été reconnue comme Commission-mère par la Commission parisienne, jusqu'en août 1823, que toutes les délibérations de ladite Commission parisienne jusqu'à cette époque, les correspondances qu'elle a entretenues, les prospectus qu'elle a publiés, reconnoissent uniformément que son but étoit le même que celui de la Commission d'Arbois, et tendoit à obtenir des souscriptions à l'effet de réaliser le vœu de cette Commission pour l'érection du monument dans la ville d'Arbois; que depuis la même époque elle a rendu plusieurs fois des comptes à la Commission d'Arbois pour lui faire connoître les mesures qu'elle prenoit pour parvenir au but proposé, et les souscriptions qu'elle obtenoit, d'où il résulte que, jusqu'à ladite époque, la Commission parisienne ne peut être considérée que comme mandataire de la Commission d'Arbois, et qu'elle a agi évidemment dans cette qualité.

» Attendu que le contrat qui lioit les deux Commissions ne pouvoit être anéanti que par le consentement réciproque des parties, ou au moins par la déclaration formelle de l'une d'elles, suivie de l'exécution ; que jamais la Commission parisienne n'a fait une déclaration de ce genre; que sa délibération du mois d'août 1823 ne contient aucune disposition à cet égard ; qu'elle n'a pour objet que des mesures d'administration intérieure, à l'effet de renouveler la Commission, de nommer un nouveau président et un nouveau secrétaire, de vérifier et arrêter les comptes du précédent secrétaire; que cette nouvelle Commission a succédé à l'ancienne, en se faisant remettre les livres et papiers constatant la situation de ladite Commission, ainsi que les fonds provenant des souscriptions antérieures; qu'au surplus, il n'a rien été proposé, ni rien délibéré relativement à la Commission d'Arbois; qu'ainsi il n'y a eu à cette époque aucun changement dans les relations de ces deux Commissions.

» Attendu que la Commission parisienne ayant été de fait mandataire de la Commission d'Arbois jusqu'au 5 février 1825, ne pouvoit renoncer à ce mandat qu'en cessant d'administrer la chose qui avoit été l'objet du mandat, et en rendant ses comptes ; que néanmoins tout en prétendant, ainsi qu'il résulte de la lettre de son secrétaire dudit jour, qu'elle étoit indépendante de la Commission d'Arbois, elle a continué l'administration de la même entreprise, et qu'ainsi elle n'a pas cessé d'être mandataire.

» Attendu enfin que ce mandat est établi d'une manière précise par les articles 3, 4, 5, 6, 8, 9, 10 et 13 de la première délibération de la Commission d'Arbois, du 7 octobre 1821, et accepté formellement par les articles 1, 9 et 11 de la délibération de la Commission parisienne, du 23 du même mois; que trois missions distinctes étoient données par la Commission d'Arbois, et acceptées par celle de Paris, savoir : 1° de réunir les souscriptions nécessaires pour l'exécution du monument projeté; 2° de faire les dépenses démontrées nécessaires pour préparer et confectionner ledit monument; 3° de solliciter du Roi l'autorisation d'ériger ledit monument dans la ville d'Arbois.

» Attendu que la Commission parisienne a fidèlement rempli les deux premiers objets de son mandat, *mais qu'elle a agi contrairement à la troisième partie dudit mandat, puisqu'au lieu de proposer l'érection du monument dans la ville d'Arbois, elle l'a sollicité en faveur de la ville de Besançon.*

» Attendu que les deux Commissions prétendent réciproquement avoir des autorisations émanées du Trône, l'une en faveur de la ville d'Arbois, l'autre en faveur de la ville de Besançon; et qu'à cet égard la difficulté qui les divise ne peut être du ressort des tribunaux qui ne peuvent statuer que sur les questions auxquelles les obligations consenties entre les parties ont pu donner lieu; que, dans l'espèce, la Commission parisienne n'ayant été jusqu'à ce jour que la mandataire de la Commission d'Arbois, celle-ci est en droit de lui demander le compte général de son administration.

» En ce qui touche les oppositions faites par la Compagnie d'Arbois sur les sommes provenant des souscriptions :

» Attendu qu'il est nécessaire de pourvoir au paiement de toutes les dépenses faites et à faire par la Commission parisienne, *en suite du mandat qui lui a été donné*, soit pour lever des plans, soit pour achat de matériaux, honoraires d'artistes, salaires d'ouvriers, et autres dépenses utiles à la confection du monument.

» Le Tribunal ordonne que dans trois mois, à compter de ce jour, les sieurs de Coutard, Delarue et Agier, chacun en ce qui le concerne, seront tenus, comme représentant la Commission parisienne, de rendre compte à la Commission d'Arbois, en la personne du sieur Sarret, ou autre fondé de pouvoir, de l'état des souscriptions reçues depuis le 23 octobre 1823, pour l'érection du monument de *Pichegru*, ainsi que des traités passés et des travaux entrepris par ladite Commission parisienne, pour parvenir à l'érection du monument; de communiquer audit Sarret, comme représentant la Commission d'Arbois, tous les devis, marchés et pièces justificatives dudit compte, à la charge par ledit sieur Sarret, suivant ses offres, d'en prendre connoissance sans déplacement de pièces, aux jour, lieu et heure qui lui seront indiqués, sinon sera fait droit.

» Ordonne que, nonobstant les oppositions de la Commission d'Arbois, les dépenses ci-dessus indiquées seront acquittées sur les mandats de la Commission parisienne, qui en emploiera le montant dans le chapitre de dépense de son compte à faire, auxquels paiemens sera tout détenteur contraint, quoi faisant déchargé, et que les oppositions de la Commission d'Arbois continueront de subsister sur le surplus des fonds, jusqu'à ce qu'il ait plu à Sa Majesté de faire connoître sa volonté sur l'érection du monument, soit dans la ville d'Arbois, soit dans la ville de Besançon. Dépens réservés. Sur le surplus, met les parties hors de cause. »

Ce jugement est du 12 août 1825.

Il a été signifié à parties le 31 du même mois.

Depuis ce temps, personne, au nom de la Commission d'Arbois n'a eu l'honneur de voir S. Exc. le Ministre de l'intérieur. Si cette Commission avoit eu à se plaindre du jugement, assurément ce n'est pas à l'administration qu'elle l'auroit déféré. Mais d'ailleurs la Commission avoit soutenu qu'il n'existoit pas de décision royale ; le Tribunal reconnoissoit que la décision étoit seulement alléguée. Le jugement étoit favorable; pourquoi donc supposer que la Commission d'Arbois ait réclamé ?

Cependant les journaux ont publié une lettre du Ministre de l'intérieur à M. Coutard, dont il faut bien admettre l'existence, puisqu'elle nous est aujourd'hui communiquée.

Elle est du 12 septembre 1825.

« Monsieur le Comte,

» Le Roi à qui j'ai rendu compte d'*une nouvelle réclamation*
» *formée au nom de la ville et de la Commission d'Arbois*, en
» ce qui concerne l'emplacement du monument de Pichegru, n'a
» pas cru devoir revenir sur sa première détermination, *et Sa*
» *Majesté a en conséquence maintenu la décision royale du* 10 *mars*
» 1825, qui ordonne que le monument sera érigé à Besançon.

» Je vous prie de faire connoître cette disposition aux membres
» de la Commission que vous présidez.

» Recevez, etc. »

Rien n'est plus comique que ce monologue administratif, que cette réponse à une réclamation qui n'a pas été faite, que cette décision de l'administration sur un procès qui ne lui est pas soumis et qui est pendant devant les tribunaux. Et surtout rien ne paroît plus gai que d'adresser la réponse à celui qui, dans aucun cas, n'auroit écrit la lettre, de sorte que quand le Ministre écrit à M. Coutard, la Commission d'Arbois ne peut, même en état de procès, avoir communication de la lettre, et que si au contraire il écrit à la Commission d'Arbois, la lettre est adressée et remise à M. Coutard qui la fait connoître à la Commission d'Arbois en l'imprimant dans les journaux.

Toutefois, la chose peut être vue sous un aspect plus sérieux.

Pour prévenir un procès désagréable à des protégés, on allègue une décision royale ; et après quatre mois de débats, le Tribunal juge que ce n'est qu'une prétention. Pour infirmer ce jugement, on prétexte une décision postérieure, ce qui est avouer qu'il n'en existoit pas de précédente.

N'est-il donc pas imprudent de faire intervenir ainsi le nom du Roi, et de couvrir de son auguste autorité ce qui se présente aux yeux de tous comme une injustice évidente, c'est-à-dire *l'ordre* de donner à une ville ce qu'on a destiné à un autre?

La Commission d'Arbois ne s'est pas découragée.

Dès le 24 août 1825, elle avoit, par exploit, déclaré à M. Balthazar Mesnel, fondeur, chargé de la confection de la statue, que la Commission de Paris n'étoit que mandataire, et en conséquence formé opposition à tout enlèvement ou déplacement de la statue de Pichegru qui devoit rester à la garde du sieur Mesnel, jusqu'à ce que la Commission d'Arbois eût obtenu la confirmation des autorisations premières à elle données pour l'érection de cette statue à Arbois.

Le 10 septembre elle signifia au même sieur Mesnel le jugement du 12 août.

Le 8 octobre elle révoqua d'une manière plus explicite encore le mandat donné à la Commission de Paris; et le 15 octobre elle dénonça à Mesnel cette révocation de pouvoir dont elle a demandé la validité par exploit du 19 décembre suivant, tant à son égard qu'à l'égard de MM Coutard, Delarue et Agier.

Dans cet intervalle de temps et le 15 novembre, la Commission d'Arbois a reçu un acte d'appel du jugement du 12 août, au nom de MM. Coutard, Delarue et Agier, quoique, dès le 12 octobre, M. le chevalier Delarue eût écrit à la Commission de Paris pour donner sa démission de vice-président, exemple imité par M. de Mallet, conseiller à la Cour des Comptes, qui s'est aussi démis de la qualité de membre de la Commission. Ces messsieurs ont déclaré dans leurs lettres que, pleins de confiance dans la pureté des intentions de la Commission d'Arbois, ils désiroient rester étrangers à toute procédure soutenue contre elle.

M. Delarue a fait plus. Par une lettre du 28 novembre, écrite à la Commission d'Arbois, il a envoyé le compte des recettes et dépenses qu'il avoit faites pour le monument de Pichegru, ajoutant qu'il tenoit les pièces justificatives à la disposition de la Commission d'Arbois.

Cépendant, en réponse à l'appel des deux autres représentans de la Commission de Paris, et le 2 janvier 1826, la Commission d'Arbois a déclaré à son tour qu'elle se portoit appelante, en ce que, par le jugement, il avoit été ordonné que, nonobstant ses oppositions, la Commission parisienne seroit autorisée à payer les dépenses faites pour l'érection de la statue, *dans la supposition même que le monument pourroit, d'après la permission accordée par Sa Majesté, être élevé dans une autre ville que celle d'Arbois.*

La Commission d'Arbois demande donc de nouveau devant la Cour, qu'il soit dit que les fonds recueillis par la Commission parisienne, depuis le 23 octobre 1821, pour l'érection du monument à la mémoire de Pichegru, seront *exclusivement* affectés, d'après l'intention des souscripteurs, à l'érection de ce monument dans sa ville natale d'Arbois.

Tandis que la Commission d'Arbois invoquoit ainsi le droit pour elle, la Commission de Paris se rendoit, par un coup de main, maîtresse de la statue.

On a vu qu'elle étoit retenue dans l'atelier du fondeur Mesnel, par les oppositions formées entre ses mains, avec demande qu'il en fût référé à justice dans le cas de revendication par la Commission de Paris.

Mais que sont les oppositions et les invocations à la justice pour des chefs militaires?

Ici, nous ne rapporterons les faits que sur des ouï-dires; car on sent bien que nous n'avons pas été mis dans la confidence de l'expédition; mais voici ce que nous avons pu savoir.

Dans les premiers jours de décembre, un général revêtu de son uniforme, ayant pour aide-de-camp un conseiller à la Cour des Comptes, aussi revêtu de son costume, suivi de soldats, d'ouvriers, de tout le train nécessaire pour transporter une statue, traverse le faubourg Saint-Martin en guerrier conquérant, et vient assiéger la porte de la fonderie. Le fondeur capitule, et demande une trêve pour aller consulter un avoué; mais tandis qu'il le cherche, l'impatient général force l'entrée, enlève la statue, la place sur ses chariots, et l'amène au Louvre, dont une autorité supérieure lui avoit apparemment ouvert les portes.

Ce triomphe fut célébré par une circulaire signée Coutard et Agier, dont le post-scriptum annonçoit que le monument, presque terminé, étoit exposé publiquement au Louvre.

Cette même lettre invitoit, par la voie des journaux, tous les souscripteurs à venir entendre, *à l'Hôtel-de-Ville*, les comptes de la Commission de Paris.

Cette assemblée du 19 décembre devoit, disoit-on, être honorée de la présence de M. le duc de Rivière, de M. le comte de Sèze, de M. de Chabrol, etc., etc.; cependant, si nous sommes bien informés, elle n'offroit aux regards, en personnages remarquables, que MM. Coutard et Agier, et un assez grand nombre d'officiers attachés à l'état-major et à la garnison de Paris, peut-être quelques-uns de ceux qui avoient fait une partie de plaisir de l'enlèvement de la statue, et qui étoient appelés à continuer l'ovation du général Coutard.

Les journaux du 24 décembre nous apprirent que l'assemblée avoit témoigné sa vive satisfaction du rapport présenté et lu au nom de la Commission, et qu'elle avoit unanimement donné son approbation aux opérations faites et à celles qui restent à faire pour l'achèvement d'un projet *si noblement conçu, et si loyalement exécuté.*

Cependant, M. le Maire d'Arbois, qui avait quitté Paris pour quelque temps, y revient en toute hâte au bruit de la victoire du faubourg Saint-Laurent; car ses adversaires actifs le forcent d'établir dans la capitale le siége de son administration.

A son arrivée, il se rend près de S. Exc. le Ministre de la Maison du Roi, gouverneur-général des Palais de Sa Majesté, et lui demande la permission de placer entre ses mains une opposition à ce que la statue sorte du Louvre avant que la Cour de Paris ait statué sur l'appel de la Commission de Paris.

Reçu favorablement par M. le duc de Doudeauville, il étoit, malgré tout, alarmé par le souvenir de l'expédition du faubourg, et par la jactance des adversaires, qui suppose un crédit et une faveur au-dessus des jugemens et des arrêts. Chaque fourgon de grandeur à pouvoir y allonger la statue du héros qui stationnoit aux portes du Louvre, quoiqu'il ne fût souvent destiné qu'à emporter des tableaux ou d'autres meubles, le remplissoit de crainte et d'appréhension.

Enfin, il fut rassuré tout-à-fait par la lettre suivante de M. le duc de Doudeauville, écrite à la date du 27 janvier dernier :

« Je ne puis, Monsieur, intervenir dans l'affaire relative au » monument de Pichegru ; *c'est aux Tribunaux qu'il appartient* » *de prononcer*, et vous pouvez être certain que M. le marquis » d'Autichamp *ne laissera sortir ce monument des salles du Louvre*, » que sur la signification d'un nouveau jugement ordonnant main-» levée de l'opposition formée entre ses mains, comme gouver-» neur du Palais.

» Recevez, Monsieur, etc. »

Dans cet intervalle, MM. Coutard et Agier avoient signifié à M. le Maire d'Arbois le désistement de leur appel principal, sous toutes réserves et protestations de leur part, et sans que l'on puisse en induire aucune approbation des significations et assignations en date des 8 octobre et 18 décembre 1825, tendant à ce que les travaux qui tendent à leur fin soient cessés, et que la direction en soit remise à la Commission d'Arbois, en la personne dudit sieur de Sarret, les réquérans prétendant au contraire qu'il résulte du jugement du 12 août 1825, que la Commission de Paris est fondée à mettre la dernière main à la confection du monument, à en suivre la destination, et à veiller au placement *qui doit en être fait à Besançon*, suivant deux décisions de Sa Majesté.

C'est sans doute par erreur que ce désistement conditionnel est aussi signifié au nom de M. Délarue, qui, comme nous l'avons dit, avoit, dès le 12 octobre, déclaré renoncer à toute procédure contre la Commission d'Arbois

DISCUSSION.

Pour faire sentir la simplicité de la question à juger, il suffit de la poser ici, comme nous l'avons déjà fait au commencement de notre premier Mémoire.

« La Commission de la ville d'Arbois, qui s'est adjoint une » Commission de Paris pour l'érection d'un monument à la mé» moire de Pichegru, *dans la ville d'Arbois,* a-t-elle le droit de » demander que les fonds recueillis par l'une et l'autre Commis» sion soient exclusivement affectés à ce monument, tel qu'il a été » conçu et convenu entre les deux Commissions? »

Que la Commission d'Arbois se soit adjoint la Commission de Paris, c'est une chose incontestable.

Cette subordination est reconnue aujourd'hui par la Commission de Paris elle-même, qui se désiste de l'appel d'un jugement par lequel elle a été condamnée à rendre compte.

Dans les premiers statuts constitutifs de la Commission d'Arbois se trouvoit l'article suivant :

Art. 8. « Le monument ne pourra être érigé qu'à Arbois même, » patrie du héros, dans un emplacement demi circulaire, à l'en» trée de la promenade Notre-Dame, sur la route de Lyon à » Strasbourg. »

Cet article étoit-il attentatoire au droit du Roi de permettre ou d'interdire l'érection du monument?

Nullement; mais, dans le cas où Sa Majesté permettroit cette érection, c'étoit une convention de souscrire pour Arbois, c'étoit un droit acquis à Arbois, qu'un caprice de la Commission de Paris ne peut lui enlever.

Cependant, la Commission d'Arbois eût été imprudente si elle ne se fût assurée, peu de temps après la rédaction des statuts, de l'assentiment du Roi; mais le général Willot, compagnon des malheurs de Pichegru, s'étant présenté à Sa Majesté Louis XVIII, à la tête d'une députation dont faisoient partie MM. le duc de Rivière et le marquis de Froissart, lui demanda de consacrer, par son suffrage, le monument *que les habitans d'Arbois, compatriotes de Pichegru, s'étoient réunis pour élever à sa mémoire.*

Le Roi répondit : « Je verrai avec plaisir élever un monument à » la gloire d'un homme aussi recommandable que le général Pi- » chegru. »

Une démarche si solennelle fut publiée comme elle devoit l'être dans une circulaire adressée *par la Commission de Paris*, à tous les souscripteurs présens et à venir, et dont le titre porte, en gros caractères :

« Commission parisienne pour la souscription relative au mo- » nument à ériger au général Pichegru, *dans Arbois*, sa ville » natale. »

La Cour royale de Besançon n'a-t-elle pas promis de verser sa souscription aussitôt que l'érection *à Arbois* auroit lieu, ainsi que l'annonce la lettre de son premier Président ?

Tout constate la notoriété la plus complète de cet article 8 des statuts.

Comment, après cela, la Commission de Paris à qui le premier jugement a reproché avec raison d'avoir agi contrairement à son mandat, peut-elle nous offrir le désistement de son appel à la condition de veiller au placement de la statue à Besançon ?

Elle s'autorise de deux prétendues décisions du Roi. Mais où sont-elles ces décisions? Le premier jugement a déjà décidé qu'il ne constoit point de la première. Où est la seconde? La verra-t-on dans la lettre du Ministre? pas plus que les premiers juges n'ont vu la première décision dans l'extrait informe qui étoit produit.

L'allégation de cette seconde décision n'est-elle pas formellement contrariée par la lettre du Ministre de la maison du Roi, que nous avons rapportée? N'est-ce pas là qu'on doit voir la véritable pensée du Roi, de laisser les tribunaux juger le sens et l'effet des contrats?

Que demandons-nous d'ailleurs? non pas que la statue soit érigée à Arbois, puisque c'est ici un fait qu'il pourroit ne pas être dans les attributions des magistrats d'ordonner définitivement; mais nous demandons qu'il soit dit que les fonds recueillis par l'une et l'autre Commission, soient exclusivement affectés au monument, tel qu'il a été conçu et convenu entre les deux Commissions.

Nous demandons une chose qui ne peut être contrariée par aucun ordre du Roi; car le Roi ne peut ordonner ni vouloir ordonner que les souscripteurs qui ont donné ou promis leur argent dans l'intention qu'il soit employé pour Arbois, le donnent aujourd'hui ou le laissent au caissier de la souscription, pour que ce caissier le donne à Besançon.

Il reste donc dans le jugement de première instance une lacune que la Cour royale de Paris saura remplir.

Les premiers juges ont fait droit sur le chef de reddition de compte.

Sur le chef des oppositions ils ont ordonné que, nonobstant ces oppositions, les dépenses faites par la Commission de Paris en suite du mandat qui lui avoit été donné, seroient acquittés sur les mandats de la Commission de Paris, les oppositions de la Commission d'Arbois continuant de subsister sur le surplus des fonds, *jusqu'à ce qu'il ait plu à Sa Majesté de faire connoître sa volonté sur l'érection du monument, soit dans la ville d'Arbois, soit dans la ville de Besançon.*

Sur le chef de demande à fin d'attribution exclusive des fonds à la ville d'Arbois, le Tribunal a omis de statuer, et même par son jugement, il semble avoir fait dépendre cette partie de la cause, de la volonté *future* du Roi.

La Commission d'Arbois demande la réformation de ces deux dernières parties du dispositif.

En ce qui touche le chef des oppositions, elle n'attache d'importance qu'au retranchement de ces derniers mots : les oppositions de la Commission d'Arbois continuant de subsister sur le surplus des fonds, *jusqu'à ce qu'il ait plu à Sa Majesté de faire connoître sa volonté sur l'érection du monument, soit dans la ville d'Arbois, soit dans la ville de Besançon.*

Elle pense qu'en insérant cette disposition dans leur sentence, et en omettant de statuer sur le reste des conclusions, les premiers juges se sont égarés.

Nul n'est disposé plus que nous à se soumettre aux volontés du Monarque; mais c'est lui manquer de respect que de supposer sans fondement qu'il voudra ce qui ne seroit point conforme à la saine justice.

Ceux-là donc sont dans la ligne du devoir, qui disent : le monument d'Arbois a été honoré de l'approbation du feu Roi; la ville d'Arbois n'a pas démérité depuis ce temps; elle a même des droits à la protection particulière de S. M. Charles X; on a pu vouloir tromper le Roi; rien ne prouve qu'il l'ait été; on n'allègue *qu'une permission* à la ville de Besançon d'avoir une statue de Pichegru ; cette permission n'est pas exclusive des droits de la ville d'Arbois. Cependant les statuts des deux Commissions subsistent; les conventions sont constantes; on a souscrit pour Arbois : si l'on veut une statue à Besançon, il faut une nouvelle souscription; si le Roi interdit toute érection du monument à Arbois, alors les souscripteurs pourront demander compte aux deux Commissions d'Arbois et de Paris; mais, en attendant, la Cour royale de Paris qui n'est enchaînée par aucune ordonnance de ce genre, fera justice aux parties, elle ordonnera l'exécution du contrat, elle ordonnera que les fonds ou le monument qui en tient lieu seront remis à la Commission d'Arbois pour recevoir la destination que les statuts ont *exclusivement* indiquée.

Monsieur DEBROË, *Avocat-général.*

Me BONNET fils, *Avocat.*

Me DELACOURTYE, *Avoué.*

De l'Imprimerie de DEMONVILLE, rue Christine, n° 2.

82

www.ingramcontent.com/pod-product-compliance
Ingram Content Group UK Ltd.
Pitfield, Milton Keynes, MK11 3LW, UK
UKHW021048260726
13994UKWH00005B/2407